Elisabeth Zöller

Der Klassen-King

Illustrationen von
Edda Skibbe

omnibus

OMNIBUS
ist der Taschenbuchverlag für Kinder
in der Verlagsgruppe Random House

FSC
Mix
Produktgruppe aus vorbildlich
bewirtschafteten Wäldern und
anderen kontrollierten Herkünften

Zert.-Nr. SGS-COC-1940
www.fsc.org

Verlagsgruppe Random House FSC-DEU-0100
Das für dieses Buch verwendete
FSC-zertifizierte Papier *Munken Print*
liefert Arctic Paper Munkedals AB, Schweden.

5. Auflage
Erstmals als Thienemann Taschenbuch
bei OMNIBUS Juli 2002
Gesetzt nach den Regeln der Rechtschreibreform

Innenillustrationen und Umschlagbild: Edda Skibbe
Umschlaggestaltung: Atelier Langenfass, Ismaning
Jo · Herstellung: ReD
Satz: KCS GmbH, Buchholz/Hamburg
Druck: GGP Media GmbH, Pößneck
ISBN 978-3-570-26138-5
Printed in Germany

www.omnibus-verlag.de

1

»Doodoodoodoo, jetzt leg ich dich um! Batman, Spiderman – höchstpersönlich im Anmarsch!«

Sssst – im gleichen Augenblick landet ein absoluter Idiot mit Trekking-Rad vor meinen Füßen und legt eine Vollbremsung hin. »Juchhu!«, ruft er, reißt das Rad herum und steht.

»Cool, Mann«, sagt er – zumindest verstehe ich das.

»Idiot«, zische ich zurück. Ich kontrolliere meine Füße, ob sie noch ganz sind. Der Kerl hätte sie fast zweigeteilt!

»Cool, Mann«, wiederholt er.

»Vollidiot«, fauche ich und untersuche

mein Skateboard, ob es noch o. k. ist. Den Kerl scheint das gar nicht zu interessieren.

»Cool, Mann«, sagt er schon wieder. Diesmal verbeugt er sich.

»Spinner«, antworte ich. »Kannst du dir vielleicht etwas anderes ausdenken, als immer ›Cool, Mann‹ zu sagen? So cool bist du ja nun auch nicht.« Während ich das sage, schaue ich ihn genauer an: schwarzes T-Shirt, breite, große Hose, Turnschuhe. Cool eben.

»Nee, i-ich heiße Kuhlmann«, stottert er. »St-Steffen Kuhlmann.«

»Ach so.« Ich hab zwar immer noch Wut im Bauch, aber der Typ scheint ja doch ganz nett zu sein. »Und warum bist du mir gerade über die Füße gefahren?«, frage ich ihn.

»Bringt Spaß«, sagt er. »Juchhu! Voll geil, Mann!« Und er boxt in die Luft.

Ich schaue ihn an – Steffen Kuhlmann. Ich schiele zu ihm. Er grinst. Er sieht echt gut aus. Ich glaub, ich mag ihn, auch wenn

er wohl ein bisschen spinnt. Ich atme tief durch.

Mag ich ihn wirklich? Oder mag ich ihn nicht? Es ist zu doof! Eigentlich finde ich es blöd, wenn einer so cool tut. Aber trotzdem. Hui! Ich trete mit dem Fuß vor einen Stein. Es rumort in Kopf und Bauch. Ich blinzele. Werde rot. Ich stottere: »Ach so …« Ich will mich schon umdrehen und loslaufen, aber dann sage ich noch: »Hannah heiß ich, Hannah Nettelbreker.« Dingdong. Ich glaub, ich mag ihn.

»Ganz schön kompliziert«, lacht er.

Was meint er mit »kompliziert«? Mich oder meinen doofen Namen?

Er lacht. Dingdong. In meinem Schädel summt es. In meinem Kopf brummt es. Hui. Mein Schädel dröhnt, mein Herz klopft. Ich werfe mein Skateboard vor mich auf den Gehweg und will losfahren. Er zieht mich am Ärmel. Mensch, dass der das macht! Mich berühren! Es durchfährt mich. Hui.

Ich stoße mich ab und fahre los. »Tschüs«, sage ich. Dingdong, mein Kopf und mein Herz rasen.

»Na, dann«, sagt er, schwingt sich auf sein Fahrrad, reißt es herum über die Bordsteinkante. Und genauso blitzartig, wie er gekommen ist, verschwindet er wieder.

War das ein Phantom? Ach was. Ich streich mir durch die Haare, als wollte ich die Gedanken wegwischen. Ein komisches Gefühl im Bauch und im Kopf. Schmetterlinge, Wirbelsturm, Kribbeln? Dingdong. Ich steige wieder auf mein Brett. Aber nichts gelingt mir mehr, meine Gedanken ziehen Schleifen und Kurven. Dingdong!

An diesem Ferientag habe ich ihn zum ersten Mal getroffen. Seitdem heißt er für mich nur noch Coolman. Der Name passt zu seinen kurzen Haaren, der Schlabberhose, dem großen schwarzen T-Shirt, dem Kaugummi und zu seinem Boxerface. Face ist übrigens echt englisch und heißt Gesicht.

2

Ich will ihn wieder sehen! Warum habe ich mir seine Adresse nicht geben lassen – oder wenigstens die Telefonnummer?

Ich will ihn wieder sehen! Dingdong!

Ich warte am nächsten Tag genau an der Stelle auf der Straße, wo wir uns zum ersten Mal gesehen haben. Weil ich gehört habe, dass Mörder an den Ort ihres Verbrechens zurückkehren. Natürlich ist er kein Mörder. Aber vielleicht – so hoffe ich – kehren ja auch Verliebte an den Ort ihres Verliebtseins zurück.

Aber er kommt nicht. Bestimmt ist er nicht verknallt wie ich.

In meinem Kopf summen Bienen. In meinem Bauch krabbeln Ameisen. Dingdong. Mich hat es getroffen. Wie der Blitz.

Ich muss immer an ihn denken. Er war nett. Cool. Aber nicht doof cool. Doof-Coole sind kalt, hochnäsig und bescheuert. Die kann ich nicht leiden. Lieb-Coole sehen zwar wie Coole aus, aber sie werden auch mal rot, wenn sie sich verknallen. Stottern, wenn sie verknallt sprechen wollen. Sagen »Äh«, kratzen sich am Kopf und drehen sich um, damit man ihre rote Birne nicht sieht … So wie Coolman eben. Wow!

Ich mag ihn. Aber er ist nicht da. Dingdong. Schwarze Wolken ziehen auf in meinem Kopf. Er ist nicht da. Ich versuche ihn aus meinem Kopf zu streichen.

Vielleicht ist er ja doch doof. Ätzend cool. Findet sich super. Doof cool. Obercool. Ich will ihn vergessen. Aber es gelingt mir nicht. Kleine Reste flimmern immer noch durch mein Hirn. Ich fahre jeden Tag Skateboard. Immer dort, wo wir uns getroffen haben. Aber er kommt nicht. Bescheuert!

Manchmal träume ich von ihm. Hui! Ich werde rot im Traum. Er küsst mich sogar! Aber langsam wird er blasser.

Ich vergesse ihn fast.

Da beginnt die Schule wieder. Das neue Schuljahr fängt an.

3

Ich quatsche gerade mit den anderen Mädchen, sitze auf der Bank von Ellen, als *er* plötzlich in der Tür steht. Einfach so – steht er da. Oder ist das ein Phantom?

Nein, ich sehe ihn. Er erkennt mich. Er blinzelt, ich blinzele. Dingdong und hui – ich werde rot.

»Da bi-i-in i-ich«, stottert er. Er könnte jetzt einer Kirschmarmelade Konkurrenz machen. Er stottert. Tritt mit dem Fuß vor die Bank, dass es donnert. Bum.

»Hey, Coolman«, sage ich.

Die anderen kapieren natürlich nichts. Er donnert noch einmal mit dem Fuß gegen die Bank: Bum! Dingdong macht es bei mir.

Er grinst. Ich grinse zurück und stottere los: »J-etzt b-brauchst du einen Platz.«

So was Blödes! Warum sag ich so was Blödes? Mein Gesicht ist bestimmt ketschuprot.

»Neben dir ist doch noch ein Platz frei«, feixt Olaf und lacht sich schlapp dabei. Der hat's natürlich sofort geblickt. Bei meiner roten Birne ist das ja auch kein Kunststück. Macht er sich lustig über mich? Aber er hat Recht: Neben mir ist noch ein Platz frei. Und da soll Coolman sitzen. Dingdong! Schließlich bin ich die Einzige, die er hier in der Klasse schon kennt.

Frau Hampel kommt herein. Sie ist auch dieses Jahr wieder unsere Klassenlehrerin.

Wir sind jetzt einunddreißig in der Klasse. Frau Hampel stöhnt: »Die Klasse ist zu groß!«

Meiner Mama hat sie mal gesagt, dass in meiner Klasse zu viele schwierige Kinder sind. Aber ich weiß echt nicht, wen sie mit den schwierigen Kindern meint. Okay. Nicht alle sind Mathe-Asse. Aber das ist doch wohl in jeder Klasse so. Oder?

Tim ist manchmal vorlaut. Aber so einen richtigen Störenfried haben wir nicht. Oder so 'nen Supercoolen, der immer redet und die anderen dürfen zuhören.

Ich mag meine Klasse. Und vor allem mag ich, dass Coolman jetzt neben mir sitzt. Ich bin ganz durcheinander. Mein Kopf und mein Bauch sind wie ein Ameisenhaufen.

Kribbeln und Krabbeln. Krabbeln und Kribbeln. Ich schweige.

Ich schiele zu ihm hinüber. Er schweigt.

Er schielt zu mir herüber. Ich schweige.

Ich will etwas sagen. Ich schweige.

Er schweigt.

Ich sage auch nichts.

Komisch ist das. Da treffe ich einen zufällig in den Ferien, verknalle mich in ihn, versuche ihn wieder zu sehen, hätte ihn fast schon vergessen, träume von ihm – und mit einem Mal taucht das Phantom wieder auf, mitten in meiner Klasse, und sitzt neben mir. Wenn das kein Zeichen ist!

4

Coolman wird von allen Lehrern nach seinem Namen gefragt. Keiner will wissen, von wo er kommt, wie weit er ist, warum er hierher gezogen ist. Keiner! Ich aber! Ob sie schon Bescheid wissen? Ich will mehr über ihn erfahren. Aber ich kann ihn ja nicht einfach fragen. Warum eigentlich nicht? Das wäre mir peinlich. Aber ich weiß ja von den anderen auch, wo sie wohnen, wie viele Geschwister sie haben, was ihre Eltern machen. Jedenfalls von vielen weiß ich das.

Ich frage nichts. Ich bin mit meinem Herzklopfen beschäftigt. Verknalltsein ist peinlich, peinlich, peinlich. Weil man es geheim halten muss. Und das bei einem Herzklopfen so laut wie ein Gong! Dingdong.

Bei den Lehrern heißt Coolman »Steffen«. Das hört sich richtig komisch an, denn alle in der Klasse nennen ihn so wie ich: »Kuhlmann«, aber englisch ausgesprochen, »Coolman«.

Und der Name passt ja auch so gut zu ihm. Er hat so was unheimlich Cooles an sich. Das ist das, wovon ich immer so rot werde. Ich könnte einem ganzen Kilo Tomaten Konkurrenz machen.

Ich schiele dauernd zu ihm hinüber.

Er guckt kurz. Und dreht sich weg.

Ich schiele wieder zu ihm hinüber.

Er grinst bloß. Und sagt nichts. Warum redet er nicht mit mir?

5

Am zweiten Tag macht sich Coolman erst mal neben mir mit seinen Büchern, dem Federmäppchen und dem Füller breit. Ich schiele dauernd zu ihm hinüber. Dingdong. Aber er beachtet mich gar nicht. Er schaut nach vorne, als wolle er irgendetwas fixieren. Sobald ich zu ihm hinschaue, guckt er weg. Da schaue ich nicht mehr zu ihm hinüber. Dong. Ich bin traurig. Dongdong. Er soll mir gestohlen bleiben. Ich schlucke. Dong.

Unauffällig versuche ich ihn zu beobachten, zum tausendsten Mal. Er hat dunkle, kurze Haare, ein schwarzes T-Shirt, ist ziemlich groß. Dong. Ich mag ihn. Dong. Vor allem seine braunen Kulleraugen. Nicht schon wieder rot werden, Hannah!

In der Deutschstunde schiebe ich das Lesebuch zu ihm hinüber, als ich merke, dass er keins hat. Ist ja klar. Wir berühren uns am Arm. Ding. Aber nur ganz kurz, weil er sofort wegrückt. Dong. In der Mathestunde zieht er selbst ein Buch aus der Tasche. Es ist voller Eselsohren, verschlissen, gammelig. Ob er die Klasse wiederholt? So sieht das Buch nämlich aus. Aber man kann das natürlich nicht wissen, manchmal hat man Pech und bekommt ein Buch, das schon ein paar Jahre in Gebrauch ist. Ich will ihn fragen. Aber ich trau mich nicht.

In der nächsten Stunde brauchen wir kein Buch. Ich habe also keine Gelegenheit ein bisschen näher an ihn heranzurücken. Aber ich spüre ihn neben mir, seine Wärme, seine Stummheit. Ich mag ihn.

Dingdong. Es kribbelt. Ist Liebe so? Aber er guckt mich gar nicht an. Dong.

Am Nachmittag stelle ich mich vor den Spiegel. Vielleicht findet er mich nicht schön genug? Ich bin ziemlich klein. Mag er Kleine? Kleine Blonde? Ich schaue mir mein Gesicht an, ich ziehe Fratzen vorm Spiegel. Natürlich sieht man mit einer Fratze nicht besonders gut aus. Ich versuche es mit Mamas Lippenstift, ich versuche es mit Schminke. Aber ich wische alles schnell wieder ab.

Welche Jeans soll ich morgen anziehen? Welches T-Shirt? Schüchterne Jungs stehen auf coole Socken. Echt, stand in »Girl!«. Aber er ist ja gar nicht schüchtern, jedenfalls nicht immer. Ich renne in den Keller, um die blaue Jeans zu holen. Die steht mir am besten. Aber Mama hat mal wieder nicht gewaschen. Wie viel Wochen braucht sie noch? Nein, ich darf nicht unfair sein.

Mama hat die Jeans erst seit zwei Tagen unten liegen. Trotzdem. Ich will sie anziehen. Ich fische sie aus der Wäsche, aber vorn am Knie ist ein großer Fleck. So kann ich sie nicht anziehen. Also rase ich zu Mama, frage, ob ich die Wäsche, die vor der Maschine liegt, schnell waschen kann, weil ich meine Jeans brauche. Sie nickt, aber sie hat mal wieder gar nicht zugehört. Doch ich habe ihr Nicken, stopf alles in die Waschmaschine und wasche.

Was danach rauskommt, ist eine schmutzige Soße. Die Jeans ist verfärbt, Mama ist sauer, ich bin wütend, die Stimmung ist hin. Und das Schlimmste: Ich weiß immer noch nicht, was ich anziehen soll. Bis abends neun Uhr mache ich mir Gedanken. Socken habe ich. Aber nur mit Socken kann ich nicht zur Schule gehen.

Ich ziehe mir die Bettdecke über den Kopf und denke an Coolman. Morgen früh sehe ich ihn wieder! Ich bin traurig und froh.

Ding und Dong. Ob er morgen mit mir spricht? Ob er morgen zu mir rüberschaut? Was ich anziehe, sehe ich morgen. Uncoole Babysachen hab ich genug. Da kann ich mich blind vor den Schrank stellen und einfach zugreifen.

Am nächsten Tag nehme ich meinen ganzen Mut zusammen und stoße ihn an. Ich will einfach, dass er mich anschaut. Ich stoße ihn an, schiele zu ihm hinüber.

Er fragt bloß: »Is' was?«

Oh Schreck! Der merkt aber auch gar nichts!

Danach wird er von Frau Hampel etwas gefragt.

Er antwortet, streift mich dabei mit den Augen. Ich werde rot. Aber er merkt wieder nichts. Gar nichts. Ich bin Luft für ihn. Gut, wenn man Fragen beantworten muss, ist man natürlich nicht ganz bei der Sache. Auch wenn man sich gerade ver-

liebt. Aber verflixt, ich *bin* verliebt. Und er? Ich seufze.

Er ist wie zugenagelt. Er sieht nichts, hört nichts, fühlt nichts. Wie komme ich an ihn heran?

Ich probiere Mamas Parfum aus.

Er rümpft die Nase. Rückt weg. Dong.

Ich schreibe ihm Briefe und werfe sie gleich wieder weg. Dong!

Ich frage ihn, ob er heute Nachmittag Zeit hat, um mit mir Skateboard zu fahren.

Aber er äfft bloß Natascha nach, die ist erst vor kurzem mit ihren Eltern aus der Ukraine nach Deutschland gezogen: »Ich nix verstehen.«

Der ist bescheuert. Wut. Wut! Ich frage nichts mehr! Wutbrumme!

Da schielt er rüber. Mein Herz klopft. Dingdong. Bin ich bescheuert? Wutbrumme, Schmetterlinge: Was gilt denn jetzt?

Frau Hampel macht das Fenster auf. Es ist warm draußen. Ich atme ein. Ich atme aus. Ruhig! Ich hab Kribbeln und Wut im Bauch. Beides gleichzeitig. Ich strecke die Arme in die Luft, recke mich. Ich stoße ihn dabei aus Versehen an.

»Zieh die Flossen ein«, murmelt er.

Blödmann – Stroh im Kopf.

Ich habe Wut.

6

Am nächsten Tag macht er wieder kaum den Mund auf, als ich versuche mit ihm zu reden. Der sagt nichts. Der ist doch wohl blöd.

Und trotzdem. Dingdong. Mein Bauch kribbelt noch.

Ich schiele zu ihm hinüber. Er schweigt und starrt nach vorne.

Frau Hampel sagt: »Heute machen wir was ganz Tolles …«

Ich freue mich. Das klingt spannend.

Er sagt gelangweilt: »Kenn ich, das bringt's doch nicht. Echt ey!« Dabei weiß er überhaupt noch nicht, was Frau Hampel mit uns machen will.

Frau Hampel seufzt bloß und fährt mit dem Unterricht fort.

In Mathe sagt Herr Bein: »Heute beginnen wir mit einem neuen Gebiet: Bruchrechnung.«

Coolman neben mir ruft: »Kenn ich, is' doch alles saulangweilig. Echt ey!«

Der kann doch nicht alles kennen! Oder etwa doch, weil er die Klasse wiederholt?

In Reli das Gleiche.

Coolman sagt wieder: »Kenn ich, is' doch alles saulangweilig!«

»Das ist ja prima, Steffen«, sagt Frau Tümper, unsere Relilehrerin, »dann erzähl mal …«

»Ja … mhm, das ist so … mhm … ja … mhm …« Er kratzt sich am Kopf.

»Kennst du's doch noch nicht?«

»Mhm, ey, Mann, mhm … Nicht so direkt …«

Frau Tümper macht weiter. Sie lacht. Über ihn?

Warum sagt er immer, dass er alles schon kennt? Die Schmetterlinge in meinem Bauch ruhen sich ein bisschen aus.

Hannah, sage ich zu mir, neben dir sitzt ein völlig blöder Typ mit Namen Steffen Kuhlmann, genannt Coolman. Die Schmetterlinge sind müde.

7

Frau Hampel hat gestern Zettel für den Elternsprechtag ausgeteilt. Wir sollten den unteren Abschnitt ausgefüllt zurückbringen, damit sie weiß, wer kommt. Alle bringen ihren Abschnitt mit, alle außer Coolman.

»Und du, Steffen?«, fragt sie. »Kommen deine Eltern nicht?«

»Nee«, sagt Coolman. Er grinst, schaut sich um, wie um sich zu vergewissern, dass auch alle gucken. »Meine Mutter hat was Wichtigeres zu tun.«

Frau Hampel schluckt. »Dann muss ich wohl mal zu deiner Mutter kommen.«

Coolman zuckt mit den Schultern und sagt grinsend: »Können Sie, wenn Sie das brauchen.«

Frau Hampel ist durcheinander, das merkt man. Coolman fühlt sich wohl.

Meine Schmetterlinge im Bauch flattern nur noch ein bisschen. Mit ganz schlappen Flügeln. Auch die Ameisen haben eine Pause eingelegt. Von wegen Coolman! Blödmann!

8

Im Musikunterricht singen wir heute. Ich singe gern. Coolman macht den Mund nicht auf. Ich seh es. Frau Hampel sieht es auch. »Warum singst du denn nicht mit, Steffen?«, fragt sie.

»Singen nervt.«

»Aber wir haben Musik«, sagt Frau Hampel.

»Musik nervt«, antwortet Coolman.

Frau Hampel geht auf und ab. Das macht sie immer, wenn sie nervös ist.

»Ist doch eh alles saulangweilig«, sagt Coolman.

Frau Hampel bleibt stehen.

»Babylieder sind das, saulangweilige Babylieder!« Coolman kichert.

Frau Hampel wird sauer. »Du hast zwei Möglichkeiten«, sagt sie. »Entweder du gehst ins Sekretariat und schreibst dort unser Lesebuch-Gedicht von heute Morgen ab oder du singst mit.«

»Dann muss ich wohl«, sagt Coolman grinsend.

»Was?«, fragt Frau Hampel.

»Was wohl?«, fragt er zurück.

»Singen?«, fragt Frau Hampel.

»Nee, im Leben nicht!« Er lacht.

»Dann verschwinde«, sagt Frau Hampel, »aber ein bisschen plötzlich!«

Er grinst, steht ungeheuer langsam auf, zieht ungeheuer langsam seine Tasche aus der Bank. Ungeheuer langsam entnimmt er der Tasche das Lesebuch, ungeheuer langsam sucht er sein Federmäppchen. Ungeheuer langsam stellt er die Tasche wieder unter die Bank. Er grinst. Alle schauen zu,

wie er sich ungeheuer langsam aufrichtet und um sich schaut mit seinem Gucken-auch-wirklich-alle-Blick.

Da reißt Frau Hampel der Geduldsfaden. Sie nimmt ein Stück Kreide und wirft nach ihm. Aber sie trifft nicht. Glück für sie, denn Lehrer müssen sich »im Griff haben« (hat meine Mama gesagt), während Schüler eigentlich tun und lassen können, was sie wollen (hat auch meine Mama gesagt). Sie dürfen nur niemanden (vor allem keine Lehrer) kratzen, beißen oder treten.

Coolman lacht und sagt: »Ey, das dürfen Sie nicht! Und das wissen Sie ganz genau!« Dabei lässt er wieder seinen Gucken-auch-wirklich-alle-Blick schweifen.

Die ganze Klasse schweigt betreten. Frau Hampel guckt ganz unglücklich. Sie kann einem fast Leid tun.

In Zeitlupentempo geht Coolman zur Tür. In Zeitlupentempo öffnet er die Tür. In Zeitlupentempo schaut er sich um, zieht eine Fratze, grinst siegesgewiss, versichert sich, dass auch wirklich alle gucken, und in seinen Augen steht die Frage: Bewundern mich auch alle? Dann geht er. Und lässt die Tür offen stehen.

Frau Hampel atmet tief durch. Dann geht sie zur Tür und knallt sie zu. Bravo!

»Jetzt sind wir wieder unter uns«, seufzt sie.

Stimmt, so komisch das klingt. Coolman gehört immer noch nicht zu uns, jedenfalls nicht richtig. Und das hat nichts damit zu tun, dass er neu in die Klasse gekommen ist.

Noch bevor wir weitersingen können, öffnet sich die Tür wieder. Ganz langsam. Coolman steht mitten in der Tür und grinst.

»Was ist?«, fragt Frau Hampel.

»Ich habe mein Heft vergessen. Hihi!«

Ganz langsam geht er zu seinem Platz. Holt ganz langsam seine Tasche hervor.

Zieht ganz langsam sein Heft heraus. Geht ganz langsam zur Tür und macht sie ganz langsam hinter sich zu.

Frau Hampel seufzt. Alle seufzen. Zum Singen hat niemand mehr Lust. Aber die Stunde ist eh gleich um.

9

Ein paar Tage später leiht Coolman sich Geld bei mir aus.

»Hast du Geld dabei?«

Ich bin ganz verdattert, weil er mich doch sonst immer wie Luft behandelt. Hat er wirklich mit mir gesprochen?

Er stößt mich an. »Ey, hast du Geld?«

»Mal gucken – krieg ich's morgen zurück?«

»Klar.«

Ich gebe ihm mein letztes Geld.

Er sagt noch nicht mal danke.

Am nächsten Tag traue ich mich nicht ihn an das geborgte Geld zu erinnern. Das käme mir irgendwie kleinlich vor.

Am übernächsten Tag frage ich nach dem Geld.

»Hab ich nicht.«

Am folgenden Tag frage ich wieder nach dem Geld.

»Hab ich nicht.«

Dann frage ich noch einmal nach dem Geld.

»Hast du mir was geliehen?«, fragt er zurück und grinst blöd.

Noch einen Tag später schnauze ich ihn an: »Hast du endlich mein Geld?«

»Verpiss dich«, sagt er bloß und grinst fies.

Und in den war ich mal verknallt?

10

Ich habe immer noch eine riesengroße Wut im Bauch, weil er mir mein Geld nicht zurückgibt. Und doch … Er hat was. Ich kann es mir nicht verkneifen und schiele immer wieder zu ihm rüber. Bemerkt er das gar nicht? Da plötzlich zucken seine Beine unter der Bank. Auf einmal boxt er mit der Faust in die Luft. Dann entspannt er sich wieder.

»K. o.! Ergebt euch!«

Er schaut zu mir rüber und grinst. »Hast du die Serie gestern im Fernsehen gesehen? Echt cool.«

Ich komme gar nicht dazu zu antworten.

Er holt wieder aus und gibt seinem eingebildeten Gegner eins drauf. »Mitten in die Magenkuhle. Peng. Das sitzt.«

Er schaut wieder zu mir rüber, grinst. »Das macht Laune. Das macht Spaß.«

Ich fühle mich nicht wohl, verzieh mich an den Rand unseres Tisches. »Peng« und »mitten in die Magenkuhle«, das ist nicht so mein Ding. Wenn diese Supercoolen aus dem Fernsehen seine großen Vorbilder sind, dann kann er mir gestohlen bleiben. Aber Geld leihen und hinterher nichts mehr davon wissen wollen!

»Hihihihi«, macht er plötzlich. »Das war was, ey. Er hat sich an den Feind herangeschlichen, duckte sich, machte sich unsichtbar, packte ihn aus dem Hinterhalt, hob ihn hoch und schleuderte ihn in die Luft! Voll geil. Ey, der hat alles zu Matsche gemacht. Die Knochen haben gekracht und zurückgeblieben ist nur ein Fettfleck auf der Erde. Voll geil, sag ich dir!«

Der Typ wird mir immer unheimlicher. Ich rück noch weiter von ihm weg. Der hat sie doch nicht alle! Was will der überhaupt? Alles zu Matsche machen? So nach dem Motto: »Ich bin der King«? Und hinterher: »War doch bloß Spaß«? Mir ist richtig übel.

11

Im Unterricht von Frau Hampel ist es immer das Gleiche.

Entweder kommt von ihm der coole Spruch: »Ey, langweilig« oder »Kenn ich schon«. Oder er redet einfach drauflos. Das ist genauso schlimm.

Frau Hampel fragt jemanden aus der Klasse, Coolman antwortet. Da kommt keiner dazwischen. Sich melden hat überhaupt keinen Sinn mehr. Coolman redet einfach drauflos, ob er gefragt wurde oder nicht.

Heute bittet Frau Hampel ihn, doch darauf zu warten, dass sie ihn drannimmt.

»Seh ich nicht ein«, meint er.

Frau Hampel sagt zu ihm: »Du wartest jetzt, bis ich dich drannehme.«

Coolman grinst.

Frau Hampel stellt die nächste Frage.

Coolman antwortet.

Frau Hampel holt tief Luft und erklärt, dass wir dreißig sind in der Klasse und dass alle ein Recht haben dranzukommen.

»Einunddreißig«, verbessert Coolman sie grinsend.

Sie stellt die nächste Frage. Er antwortet wieder.

Frau Hampel bittet Coolman sehr bestimmt, fünf Minuten nichts zu sagen.

»Okay«, sagt er, »lasse ich mich drauf ein.« Er nimmt seine Uhr und legt sie vor sich auf die Bank. Alle gucken wieder zu ihm hin und dann sagt er: »Morgen bringe ich mir eine Eieruhr mit, die klingelt, wenn die fünf Minuten um sind.«

Nach genau fünf Minuten beantwortet er wieder eine Frage, die Frau Hampel jemand anderem gestellt hat. So eine Sauerei!

Frau Hampel gibt auf. Coolman redet, wann er will.

Falk bewundert Coolman dafür. »Toll!« – »Cool, Coolman!«, sagt er mit glänzenden Augen, wenn Coolman wieder einmal etwas Blödes gesagt oder getan hat. Coolman ist für ihn der King. Wir anderen sind jetzt Luft für ihn. Das war früher anders. Da war Falk eigentlich ganz nett.

Aber Falk ist nicht der Einzige, der Coolman bewundert. Kim und Tim sind auch nicht besser. Sie hängen Coolman an den Lippen und machen ihm alles nach. Coolman redet, die anderen nicken.

12

Sie sind jetzt immer zusammen: Coolman, Falk, Kim und Tim. Zwischen den Stunden und in den Pausen hängen sie immer zusammen rum. Sogar die gleichen Klamotten tragen sie jetzt. Sie haben den gleichen coolen wogenden Gang und das gleiche Grinsen.

Und wir anderen haben Angst vor ihnen. Und dazu haben wir auch allen Grund, denn sie ärgern uns dauerndzu.

»Du Weichei«, sagt Falk heute in der Pause zu Olaf.

Die anderen drei lachen und rufen zusammen: »Weichei und Babyflasche!«

Olaf will sich wehren und sagt: »Wer's sagt, isses selber.«

»Babysprüche«, rufen sie und lachen.

Da wehrt Olaf sich nicht mehr. Er geht traurig fort.

Manchmal bauen sie sich auch vor dem Kinderhort auf, der zu unserer Schule gehört. Kinder von berufstätigen Eltern gehen nach der Schule dorthin, bekommen dort ihr Mittagessen und machen ihre Hausaufgaben.

Coolman, Kim, Tim und Falk lauern denen auf, die in den Kinderhort wollen, versperren ihnen den Weg. Sie beschimpfen sie und feixen sie an. Auch die drei aus unserer Klasse, die jeden Tag da hingehen: »Na, ihr Babys, geht ihr wieder in den Kinderhort? Das wisst ihr aber schon, dass nur Babys in den Hort gehen, oder? Wir andern, wir gucken coole Videos, statt wie bei Mama schön am Tisch zu sitzen und Spinat zu mampfen. Wir gucken Videos und essen da-

zu Hamburger und Hotdogs.« Dann schubsen sie die Hortkinder ein bisschen.

Der dicke Falk streckt seine Wurstfinger nach dem Ranzen von Rabea aus. Er reißt daran. Er gibt ihr von hinten einen Tritt. Rabea fällt fast um, sie taumelt.

»Hahaha«, lacht Falk, »bist du schwindelig, Rabea, wackelig auf den Beinen wie eine Oma?« Falk schielt zu Coolman. Er möchte gerne Anerkennung dafür.

Coolman legt seine Hand auf Falks Schulter. »Du gehörst zu uns«, sagt er.

Falk freut sich. Jetzt gehört er richtig zu denen. Jetzt fühlt er sich auch stark.

»So kann das nicht weitergehen«, sagt Frau Hampel. Sie sieht alles. Merkt alles. Sie läuft auf und ab in unserer Klasse. »Wir müssen etwas dagegen machen.«

Und die meisten wissen, was sie meint.

Aber sie macht nichts. Sie weiß nämlich nicht, was sie machen soll.

13

Coolman, Tim und Kim stehen wieder einmal auf dem Gang zusammen. Sie ärgern einen kleinen Jungen aus der ersten Klasse. »Hey, soll'n wir dir mal die Fresse polieren, Babyflasche, erste Klasse?«

Ekelpakete, Scheusale!

Der Kleine sagt nichts, schüttelt den Kopf, hat Augen wie zwei Angstbirnen; aber schweigt in sich hinein.

»Antworte, Baby!« Coolman packt ihn am Kragen. Tim nähert sich von hinten.

Gemein. Echt gemein!

Da endlich hab ich Wut und Mut. Endlich! Ich schreie los. Wie eine Sirene.

»Klappe!«, zischt Coolman.

Ich schreie trotzdem weiter.

Da lässt er den Erstklässler los, guckt Tim und Kim an. Die drei erstarren zu Salzsäulen. Ich schreie. Sie rennen weg, den Gang hinunter – Frau Hampel direkt in die Arme. Das geschieht ihnen recht!

»Hey, ihr drei, was soll das?«, fragt Frau Hampel.

»Der hat angefangen!« Sie zeigen auf den Kleinen.

Ich sage: »Nein, die haben angefangen!«

Der Kleine zittert. Er holt Luft. Und dann bläst er sich auf zu einer Wutkugel und legt los. Wir sind alle ganz baff. So viel Wut und Mut hätten wir ihm nicht zugetraut. »Ich angefangen? Bei euch piept's wohl! Ärgern und Sprüche klopfen, das könnt ihr. Weicheier seid ihr.«

Frau Hampel schaut vom einen zum anderen. »Ich will wissen, was war.«

Ich will erzählen. Auch wenn sie mich

eine Petze nennen. Ist mir egal. Tun die sowieso bei jedem. Auch wenn's nicht stimmt.

»Das war doch nur Spaß!«, sagt Kim. Diese Platte wieder.

»Wir sprechen uns noch.« Frau Hampel holt Luft, dann stapft sie zum Lehrerzimmer. Peng – wirft sie die Tür hinter sich zu. Die ist weg.

»Das wirst du büßen, Babyei«, zischt Coolman.

»Feigling«, zische ich zurück.

»Große Klappe und nichts dahinter«, flüstert der Kleine. Der hat Mut!

Mut braucht manchmal Zeit, bis er ganz freigekratzt ist. Die ganze Angst muss man erst abgekratzt haben, dann kann er herauskommen, der Mut.

Da klingelt es zur nächsten Stunde. Wir müssen zurück in die Klassenzimmer. Gott sei Dank! Zumindest während des Unterrichts ist man sicher.

14

Frau Hampel bringt ein Märchen mit. Die Coolen lachen wie immer, denn Märchen finden sie langweilig, ist ja klar. Frau Hampel liest es trotzdem vor.

Das Märchen von dem coolen Prinzen

Es war einmal ein Prinz, weit drüben im Märchenland.

Seine Eltern wussten natürlich, dass er ein Prinz war, aber sie gaben ihm sein Land nicht, weil sie es selbst gut gebrauchen konnten.

Und als der Prinz größer und größer wurde, nahm er sich einfach Land, weil er als Prinz ja

Land brauchte. Und immer wieder nahm er sich Land. Und immer, wenn er sich wieder etwas nahm und einer sich wehren wollte, lachte er ihn aus, nahm sich das Land und sagte: »Das ist meins.«

Er ging schließlich weit über seine Grenzen. Er nahm ein fremdes Land nach dem anderen. Am Ende wusste keiner mehr, wo die Grenzen waren. Und weil er jetzt überall der Prinz war, war alles seins. Auch die Menschen, die dort wohnten.

Und er gab allem, was ihm gehörte, einen neuen Namen: Die Angst nannte er Mut. Die Mutigen, die ihn trotz allem zurückdrängen wollten, nannte er Petzen. Und wenn einer sagte: »Du bist schuld, dass wir Krieg haben«, antwortete er: »Wer's sagt, ist selber schuld.«

Und er machte weiter, bis fast keiner mehr wusste, wo sein Land war, wo die Grenzen waren und was eigentlich richtig war.

Bis auf einmal einer sagte, einer, der wirklich stark war: »Wir tun uns zusammen, dann sind wir stärker als er. Jeder bekommt sein Land zurück.«

Und sie malten eine neue Karte, wo sie Ländergrenzen einzeichneten. Und sie machten Regeln. Dass man zum Beispiel nicht über die Grenze gehen darf. Und jeder, der sie übertrat, musste sich dafür selbst eine Strafe auferlegen. Und tat er es nicht, tagten die anderen und zwangen ihn dazu. Und so lebten sie. Der Prinz muckte noch oft auf. Aber die anderen wiesen ihn immer wieder zurück in seine Grenzen. Das konnten sie, weil sie jetzt zusammenhielten und miteinander sprachen. Denn miteinander waren sie stark.

Als Frau Hampel mit Lesen fertig ist, möchte sie das Märchen mit uns nachspielen. Natürlich will jeder der Prinz sein. Frau Hampel lässt Tim den Prinzen spielen. Er macht das ganz toll.

»Jeder kann das«, sagt Tim.

An der Stelle der Geschichte, an der sich

alle gegen den Prinzen zusammentun, will Coolman nicht mehr mitspielen.

»Langweilig«, sagt er, »so ein ätzendes, blödes Märchen.« Und er kickt mit dem Fuß gegen die Bank. »Märchen sind doch uncool.«

Frau Hampel seufzt. Als es klingelt, packt sie ihr Märchen ein und geht.

15

Sie machen Witze miteinander, sie hängen auf den Stühlen herum. Was sie aber vor allen Dingen tun, ist Mädchen ärgern. »Weiber ärgern« heißt das bei ihnen. Weiber ärgern klingt cooler. Das klingt so, als wenn sie ganz oben ständen und die Mädchen ganz unten.

Wenn sie Mädchen sehen, lästern sie ab und rufen laut: »Ihr Weiber braucht doch gar nicht in die Schule zu gehen, ihr gehört in die Küche.«

Wenn keiner lacht, lachen sie alleine. Und dann machen sie weiter. Sie rufen: »Für Weiber ist es am besten, wenn sie bis Freitagabend in der Küche stehen und dann dürfen sie ins Schlafzimmer gehen und auf uns warten.«

Ich höre zu, ich höre nicht zu. In mir brodelt es. Warum reden die so einen Mist?

Tim sagt: »Weiber sind für drei Ks da: Knutschen, Kochen, Kinderkriegen.«

»Hahaha.«

»Soll ich euch mal einen Witz erzählen?«, fragt Falk. »Warum brauchen Weiber keinen Regenschirm?«

Alle überlegen. Falk fragt noch einmal: »Warum brauchen Weiber keinen Regenschirm?« Und als keiner antwortet, lacht er und sagt: »Ist doch ganz klar, auf dem Weg von der Küche zum Schlafzimmer braucht man keinen Regenschirm!«

Einmal stößt Coolman mich mitten in der Stunde an. Der Blödmann soll mir vom Halse bleiben. Ich tu so, als hätte ich ihn gar nicht bemerkt. Er versucht's noch mal. Der weiß, dass ich sauer bin.

»Guck doch mal!«, sagt er.

Schließlich drehe ich mich um und gucke. Er lässt unter der Bank einen Gummipenis hochflutschen.

»Geil, was?« Er grinst.

»Ekelpaket.«

Er lacht. Ekelhaft. Er grinst. Und wie von selbst trete ich ihm von der Seite ans Bein. Peng. Dieser Kotzbrocken!

»Frau Hampel, Hannah tritt mich!«, ruft der Ekeltyp da.

Ich rede mit Mama darüber. Ich frage sie, warum die so sind. Mama sagt, die können einem Leid tun. Das seien arme Jungen. Aber ich kann das echt nicht verstehen. Wenn Coolman einem in den Hintern tritt oder wenn Falk über Weiber redet oder wenn Kim seine Karatesachen ausprobiert, dann tun die mir doch nicht Leid. Das sind doch keine armen Jungen! Dann habe ich Wut, einfach Wut. Und warum? Weil sie versuchen stärker zu tun als die andern und es in Wirklichkeit überhaupt nicht sind. Lügner sind die, alte Lügner! Mir tun die nicht Leid. Sie machen mich wütend und ich will etwas gegen sie tun. Gegen die Großkotze, Windbeutel, Angeber und Kings.

Ich male ein Bild von Coolman. Und zerreiße es danach mit Genuss. Das tut richtig gut. Ritsch, ratsch.

Da fragt mein kleiner Bruder Malte mich: »Wie kommt der Dreck unter die Fingernägel, Hannah? Wächst der da oder kratzt man den zusammen?«

Brüder, Nervensägen! Was die für Sorgen haben!

Aber dann denke ich nach. »Weiß nicht«, sage ich schließlich.

Und ich denke auch an die Gemeinheiten, den Dreck, den Coolman und Genossen machen. Angeber, Kings, Großkotze.

Die Frage von meinem Bruder ist gar nicht mal so schlecht! Cleveres Kerlchen!

Wächst der Dreck in ihnen oder kratzen sie ihn zusammen? Coolman und Konsorten mein ich.

Ich muss lachen. Mein kleiner Bruder guckt.

»Was ist jetzt?«, fragt er.

»Weiß nicht«, sag ich. »Darüber muss ich noch nachdenken.«

Er guckt mich an.

»Ich weiß es wirklich nicht«, sag ich. »Wächst der Dreck in denen oder kratzen die den zusammen?«

Malte zieht kopfschüttelnd ab. Er zeigt mir mit dem Finger, dass ich doof bin.

16

Frau Hampel hat uns als Hausaufgabe ein Aufsatzthema gestellt: »Unsere Klasse«.

Ich setze mich an meinen Schreibtisch und denke nach.

»Unsere Klasse hat sich verändert«, schreibe ich dann. »Bis vor kurzem hatten die Lehrer die Fäden in der Hand. Jetzt zieht Coolman die Fäden. Coolman hat die Fäden in der Hand. Weil er so cool ist. Er ist der King. Und die Lehrer merken es auch, gucken zu, wissen aber nicht, was sie machen sollen … Und halten den Mund. Vorher mochte ich viele in der Klasse, jetzt ist das auch anders. Der King hat die Macht über die anderen.

Und die anderen sind irgendwie nicht mehr richtige Freunde.«

Das ist doch absoluter Mist! Nein, das kann ich nicht schreiben. Ich streich alles durch. Kreuz und quer. Gekrakel!

»Mist, Mist, Mist«, schreibe ich drunter.

Doch dann schreibe ich wie von selbst weiter: »Worte haben sich verändert ...«

Mist, so etwas schreibt doch keiner! »Nur Behinderte schreiben das«, würde Coolman sagen. »Ey, Mann, du bist wohl behindert.« Und dann würde er Grimassen ziehen vor meiner Nase.

»Dabei sind die doch behindert!«, schreibe ich weiter. »Aber echt. Und weil sie 'ne Klatsche haben, müssen wir auch eine haben. Werden gezwungen. Damit sie mit ihrer Klatsche nicht auffallen (und das merken die doch ganz genau), deswegen zwingen sie uns auch eine Klatsche zu haben. Und keiner ist mehr so, wie er vorher war.« Ich zögere. Dann schreibe ich:

»Keiner ist mehr er selbst.« Das unterstreiche ich. »Alle bewundern Coolman, weil er so cool ist.«

Ich lege plötzlich den Kopf auf den Tisch und weine.

Und dann schreibe ich noch: »›Das sind doch arme Jungen‹, sagt meine Mama. Die Coolen sind also die armen Schweine, weil sie total zu sind. Kein Gefühl raus, keines rein. Deswegen lachen sie sich auch schlapp über jeden, der Angst hat, trommeln sich auf ihren coolen Männerbauch, rülpsen vor Lachen. Igitt.«

So was kann man doch nicht schreiben!

Aber wie von selbst schreibe ich weiter: »Dabei hat Coolman ganz liebe Augen. Dingdong. Die Ameisen setzen sich wieder in Bewegung. Dingdong. Und die Schmetterlinge.«

Ratzfatz reiß ich alles durch. Ich schmeiß es in den Papierkorb. Ich spucke drauf. Ich weine. Schmetterlinge und Tränen – nur weil der blöde Kerl alle Gefühle austritt. Der hat doch Stroh in der Birne! Mondkopp und Ekellappen!

Mein kleiner Bruder kommt rein. Kann er etwa hellsehen?

Ich weine. Leise.

Malte streicht mir über den Kopf. »Nicht weinen«, flüstert er.

Er ist lieb. Aber warum soll ich nicht weinen?

Da schreibe ich auf ein neues Blatt:

Lexikon der Obercoolen

Weinen *ist jetzt* ***heulen****.*

Mut haben *ist einen andern* ***k. o. machen****.*

Mut haben *ist auch* **mitlaufen***, ohne die Birne zu benutzen.*

Freunde *sind die, die Coolman nach dem Mund reden. Freunde sind nicht mehr echte Freunde.*

Petzen *sind alle, die gegen Coolman sind.*

***Sprechen** ist **petzen**.*

***Schuld** haben die Coolen nie. Die sagen: »Der hat doof geguckt.« Die Schuld schieben die immer auf den andern. Die sind verrückt.*

Weil sie alles durcheinander rücken.

Die ganze Welt und die ganzen Menschen!

WAS STIMMT NOCH? Ich weiß es nicht mehr. Hilfe!

Das kann ich auch nicht abgeben. Ich kann aber auch nicht ohne Aufsatz in die Schule! Aber ich kann bestimmt nicht Sachen schreiben, die nicht stimmen. Ganz bestimmt nicht.

17

Das Telefon klingelt.

Coolman ist dran. Ich glaube, ich falle tot um. Sofort klopft mir das Herz bis zum Hals. Warum bin ich so blöd? Bei diesem Ätzheini. Ich mag ihn nicht. Ich mag ihn. Alles geht durcheinander. Mein Kopf ist wie ein Karussell. Coolman ruft mich an, der tolle Coolman! Der Ätzheini! Soll ich ihm jetzt die Meinung sagen? Nein, ich tue es nicht. Ich nicke wie alle.

Jetzt bin *ich* blöd. Ich lasse mir den Kopf verdrehen. Jetzt weiß ich auch, warum man das so sagt. Ich nicke wie alle. Das macht mich wütend. Ich bin wütend auf ihn, ich bin wütend auf mich. Und ich freu mich. Die Schmetterlinge. Dingdong. Die Wut daneben.

Coolman sagt: »Äh, hast du Lust zu mir nach Hause zu kommen? Wir hören Musik, äh ...« Er stottert rum. Ist total unsicher.

Ist der süß! »Äh, warum nicht? Ich höre gern Musik, äh.« Der ist ja ganz durcheinander. Süß!

Die Knie zittern mir. Coolman, der Zauberer. Schmetterlinge und Perlen. Die Tränen haben sich in Perlen verwandelt. Dingdong. Ich verstehe nichts.

»Äh, ich hol dich ab. Wo wohnst du denn?«

»Schmeddingstraße 8.« Ich erkläre ihm den Weg.

»Bin gleich da.«

Coolman kommt und holt mich. Einfach so. Echt, Hannah. Und ich geh mit. Einfach so. Oder?

Ich setz mich erst mal hin. Will ich das eigentlich? Will ich nicht? Ich wackel hin und wackel her. Aber nicht lange. Ich will! Ich will!! Ja, ich will!!!

Aber was zieh ich an? Was Cooles! Kein Babyrosa, kein nettes Blau! Schwarz. Schwarz ist cool.

Mama hat ein schwarzes T-Shirt. Das neue. Ob ich mir das ausleihen darf? Ich nehme es einfach.

Er kommt gleich. Dingdong. Die Schmetterlinge fliegen wieder.

Das T-Shirt sieht total beknackt aus. Ich habe nichts anzuziehen. Ich kann doch nicht nackt gehen.

Papas New-York-T-Shirt. Das ist das Richtige. Blick in den Spiegel: passabel.

Socken! Welche Socken zieh ich an? Ich probiere alle, bis die Lade leer ist und das Bett voll. Ich will coole!

Es klingelt. Rechts ein blauer Bär, links eine Blume. Es klingelt an der Haustür. Hilfe, meine Haare!

Gar nicht so schlecht. Ich wuschel durch.

Es klingelt wieder.

Malte geht an die Tür. Er schreit: »Hannah, dein Freund!«

Peinlich. Zwergenbrüder. Manchmal möchte man sie einfrieren. Für einen Tag. Zwei Tage. Je nach Bedarf.

Ich bin fertig. Ich gehe zur Tür. Gelassen. Er steht dort. Blub, blub macht mein Herz. Dingdong. Die Ameisen.

»Äh«, sagt er und wird rot. Süß!

»Bin schon fertig«, sage ich. Mehr fällt mir nicht ein.

»Die andern warten bei mir zu Hause auf uns«, sagt er.

Das Telefon klingelt. Ich geh nicht dran. »Bin heute Abend zurück«, ruf ich und zieh schnell die Tür hinter mir zu.

Coolman geht neben mir. Mein Herz klopft. Er schiebt sein Fahrrad.

Er sagt nichts. Ich sag nichts. Was soll ich auch sagen?

Seine Hand streift meine. Wir berühren uns.

»Äh«, sage ich, »welche Musik …«

»Vorsicht, ein Auto!« Er packt mich am Arm. Das Auto bremst.

Wir gehen über die Straße.

Was soll ich sagen? Immer, wenn's drauf

ankommt, fällt mir nichts ein. Er geht nach rechts. Wir stoßen fast zusammen. Peinlich.

»Hier wohne ich«, sagt er. Er grinst. Er will meine Hand fassen. Schafft es aber irgendwie nicht, weil ich zu trottelig bin.

Wir stehen vor einem großen Haus. Vom Feinsten. Echt cool.

Wir gehen hinein.

Von oben dröhnt Musik. Echte Dröhnung.

»Könnt ihr die Musik mal leiser machen?«, brüllt eine Frauenstimme von irgendwo.

Tims, Kims und Falks Köpfe tauchen oben am Treppengeländer auf.

»Hallo.«

»Ist deine Mutter nicht da?« Warum frage ich so etwas Blödes?

»Nee, tagsüber ist nur Lydia da. Meine Eltern arbeiten beide.«

Wir hören Musik. Bis uns die Ohren abfallen. Dann gucken wir Videos. »Die Unsichtbaren« und »Superkarate«.

»Echt geil«, sagt Tim die ganze Zeit.

Um sieben Uhr muss ich nach Hause. Da wollen die anderen gerade die Computerspiele anwerfen.

»Kommst du morgen wieder?«, fragt Coolman.

Keiner, weder Tim noch Kim noch Falk fragt, warum ich jetzt schon nach Hause muss. Oder sagt Baby zu mir. Sie haben Respekt vor Coolman. Deswegen haben sie jetzt auch Respekt vor mir. Das tut gut. Aber ganz wohl fühle ich mich nicht.

Er will mich nach Hause begleiten.

»Ich geh schon allein«, murmle ich.

»Gut, wenn du willst.«

»Echt geil, Coolman, komm mal«, ruft Tim von oben.

Coolman ruft »Tschüs« und rennt wieder nach oben.

Ich gehe langsam nach Hause.

Wer ist dieser Coolman? Er ist unsicher und cool. Er stottert und gibt an. Er redet und wird rot. Wenn er in der Schule immer redet, ohne gefragt zu werden, ist er blöd. Aber als er mich abgeholt hat, hat er nichts gesagt. Der Immerredner, der Schweiger? Wer ist er wirklich? Der King? Der Kleine, der eine Hannah zur Freundin will? Der Weiche? Der Zarte? Er ist von allem etwas. Dingdong.

Am Abend schwebe ich auf Wolken. Ich denke aber auch an heute Nachmittag, bevor Coolman angerufen hat, als ich ganz traurig war. Der Aufsatz. Die Klasse. Die Glückliche, die Verliebte oder die Traurige, die Einsame. Das alles bin ich?

Am nächsten Morgen bin ich früh wach. Hilfe, ich habe meinen Aufsatz nicht fertig!

Ich fische die Fetzen aus dem Papierkorb, streiche sie glatt und klebe sie mit Tesafilm wieder zusammen. Ich lese alles durch.

Nein, das kann ich nicht abgeben.

Ich nehme mir zwei neue Blätter Papier und schreibe auf, warum ich ihn mag und nicht mag.

Oben drüber schreibe ich groß COOL-MAN.

Ich mag ihn eben,

… weil er gut aussieht.

… weil er viele Bewunderer in der Klasse hat.

… weil ich – peinlich – vielleicht ein Fitzelchen verknallt bin.

… weil er verlegen ist und rot wird und

… weil er COOL ist.

Ich mag ihn nicht,

… weil er gemein ist.

… weil er andere klein macht.

… weil er manchmal sehr doof ist.

… weil er COOL SPIELT.

Ich schaue mir beide Blätter an. Die entscheidende Frage: Was ist der Unterschied zwischen Cool-*Sein* und Cool-*Spielen*? Liegt da der Schlüssel zu Coolman?

Aber das kann ich in Deutsch auch nicht abgeben und schon gar nicht vorlesen.

Hilfe, alles, was stimmt, darf man nicht sagen! Man darf nur Sachen sagen, die sau-sau-saulangweilig sind – und unwichtig. Fade.

Ich muss los. Ohne Aufsatz.

18

»Heute Nachmittag ist Lydia nicht da. Wir haben das ganze Haus für uns allein. Da läuft etwas ganz Besonderes ab.« Coolman pfeift durch die Zähne.

»Und was?«, flüstere ich.

»Wird nicht verraten. Bring dicke Nerven mit. Wow. Das wird echt geil, Mann.« Er reibt sich die Hände.

Seit etwa zwei Wochen sind wir alle dreimal in der Woche zusammen, Coolman und ich, Tim, Kim und Falk. Meine Freundin Juli aus der Parallelklasse hat schon gemeckert, dass ich nie Zeit für sie habe. Aber das ist mir egal.

Ausgerechnet heute will Mama, dass ich

auf Malte aufpasse. Gerade heute, wo es was Supergeiles gibt.

»Dann nimm ihn eben mit«, sagt Mama.

»Geht nicht, sorry!«, sage ich. Zu Coolman und den anderen kann ich Malte wirklich nicht mitnehmen. Die würden die Nase rümpfen, ihren Gameboy schnell in Sicherheit bringen und mich mit der Babyflasche vor die Tür schieben.

»Du hast dich so verändert.« Mama schüttelt den Kopf.

19

Mama ist sauer, weil ich Malte nicht mitnehme. Und ich bin sauer, weil sie nicht versteht, dass ich ihn nicht mitnehmen kann. Aber ich hab auch ein schlechtes Gewissen. Als ich losradle, möchte ich eigentlich umkehren. Aber ich möchte zu Coolman. Ich möchte mit ihm zusammen sein. Und ich will wissen, was da heute Besonderes abgeht, wie er es mir versprochen hat.

Ich komme als Letzte an, alle anderen sind schon da und sitzen im Wohnzimmer auf der Couch.

»Wir gucken heute Spezial-Videos«, eröffnet mir Coolman und seine Augen blitzen.

»Wer's am längsten aushält, darf sich eins aussuchen zum Mitnehmen.«

Ich überlege. »Und warum soll man das nicht aushalten?«

Sie lachen und klopfen sich auf die Schenkel. »Die weiß das noch nicht mal! Haha.«

»Du kannst ja oben die Sesamstraße gucken«, meint Kim. »Wenn dir das lieber ist, musst du es nur sagen!«

Das fängt ja gut an. Ich schlucke. Ich mag das nicht. Es ist dunkel im Zimmer.

Frauen, Männer, nackte Haut – Bilder schwirren, fliegen – Bilder dringen in mich ein. Körper, Messer, Kampf. Schreien. Tod.

Ich schreie. Sie lachen.

»Na, willst du doch lieber die Sesamstraße gucken?«

»Oh, voll geil!«

»Scharf!«

»Superscharf!«

»Affengeil!«

Neue Bilder. Busen, Haare, Zunge.

Ich will nicht mehr. Ich will das nicht sehen!

»Superaffentittengeil!« Coolman haut sich auf die Schenkel.

Ich schreie. Keiner hört mich. Dabei sitzen sie neben mir.

»Klappe, Baby!«, sagt Coolman, ohne die Augen vom Bildschirm zu wenden.

Ich springe auf. Sie schauen kurz auf. Lachen. Und ich habe Angst. Sie sehen mich gar nicht. Ich habe Angst. Das interessiert sie gar nicht.

Ich renne davon.

Das sind keine Freunde. Die sind nur cool. Bloß keine Gefühle!

Ich habe Angst. Angst! Und sie lassen mich allein damit.

Ich springe auf mein Rad und jage nach Hause. Bilder – Busen – Zunge.

Zu Hause werfe ich mich auf mein Bett und weine. Ich will nichts mehr mit denen zu tun haben. Nie mehr. Nie mehr.

Am nächsten Tag schaue ich Coolman nicht an. Ich beachte ihn gar nicht, behandle ihn wie Luft. Ich ekle mich vor ihm. Der kann mir gestohlen bleiben. So einen Schweinekram kann er sich ohne mich angucken.

Er zieht an meinem Ärmel.

Ich rücke weg von ihm.

Er spricht mich an.

»Klappe, Blödmann«, zische ich.

Coolman schiebt mir einen Zettel rüber. Darauf steht, dass er mich mag.

»Das glaube ich nicht«, schreibe ich drunter. »Dann hättest du das gestern nicht gemacht.«

»Kommst du wieder?«, schreibt er.

Soll ich? Ich zögere. Soll ich oder soll ich nicht?

»Nein«, schreibe ich schließlich, »*mögen* zeigt man anders.« Und dann zische ich ihn an: »So etwas mach ich nicht mit. Geile Videos gucken, ihr spinnt wohl!«

»Das war doch bloß Spaß! Mensch, Hannah, ey! Das ist doch kein Grund böse zu sein!« Und dann lacht er.

Aber ich lache nicht mit.

Am selben Tag sollen wir einen Aufsatz schreiben. »Wie ich einmal Angst hatte«, lautet das Thema. Frau Hampel hat es groß an die Tafel geschrieben.

»Angst, was ist denn das?«, sagt Tim und schaut, ob ihn auch alle dafür bewundern. Klar, wer cool ist, hat keine Angst. Wer cool ist, versteckt seine Angst. Versteckt alles.

Aber ich hatte Angst, gestern, als wir diese Videos angeguckt haben. Von den Videos schreibe ich aber nichts. Das geht Frau Hampel nichts an.

Ich schreibe den Aufsatz, als wäre es ein Traum gewesen, ein böser Alptraum. Messer, Blut und Tod kommen darin vor und viel, viel Angst.

»Du hast zu oft das Wort ›Angst‹ verwendet«, sagt Frau Hampel, als sie die Aufsätze zurückgibt. Auf das, was ich beschrieben habe, hat sie überhaupt nicht geachtet. Sie hat meinen Aufsatz gar nicht verstanden, glaube ich.

»Aber wenn es doch Angst ist?«, sage ich.

»Dann muss man es trotzdem immer wieder anders benennen«, antwortet sie.

»Warum?«

»Sonst ist es kein guter Stil.«

»So? Auch wenn es Angst ist?«

»Nein, Hannah«, sagt Frau Hampel, »Wiederholungen gehen nicht, auch wenn es Angst ist.«

Ich denke nach. Ich bin wütend auf Frau Hampel. So vertreibt man die Angst auch aus den Wörtern, wenn man sie noch nicht mal Angst nennen darf. Was ich erlebt habe, war aber Angst. Angst, Angst, Angst.

»Was ist denn Angst außer Angst?«, frage ich sie.

»Beklommenheit, Herzklopfen, Herzrasen, Furcht«, sagt Frau Hampel.

»Aber das ist nicht das Gleiche. Angst ist Angst.« Auf jeden Fall für mich.

Ich rede mit niemandem über diese Videos.

Mama merkt, dass etwas mit mir ist. Sie hat mich schon mehrmals gefragt, was los ist. Aber darüber kann ich nicht reden mit ihr. Und in der Klasse redet auch keiner. In der ganzen Klasse nicht. Immer mehr bewundern die Coolen.

»Dass die sich das alles trauen!«, sagen sie. Sie sehen dabei gar nicht, wie ekelhaft die sind. Kotzbrocken!

Coolman und Konsorten haben etwas in mir innendrin verändert. Ich fühle mich schlecht. Ich fühle mich total doof. Ich lache nicht mehr.

Ich weine. Aber ich spreche mit keinem. Auch mit Juli nicht.

Meine Worte sind nichts.

Die coolen Worte aber auch nicht.
Die sind groß.
Ich bin klein.
Die glänzen. Und ich?

20

Und die Stinkstiefel machen weiter. Als wenn nichts wäre. Und alle anderen machen weiter mit. Als wenn nichts wäre.

Es machen sogar immer mehr mit. Sogar solche, die sonst niemand beachtet hat. Nina, Götz, Annalena, die halten jetzt auch zu Coolman und Konsorten. Und warum?

»Sag mal, Götz, hast du Lust bei uns mitzumachen?«, fragt Coolman. »Du würdest einen unheimlich wichtigen Posten bekommen. Einen der wichtigsten überhaupt: Aufpasser!«

Götz, der kleine Götz, den keiner vorher angeguckt hat, der kleine Götz, der clever ist, aber blass, dieser kleine Götz wird mit einem Mal ganz groß. Er pflanzt sich vor Coolman auf und strahlt. »Klar, was soll ich tun?«

Damit hat Coolman ihn in der Hand. Götz hat noch nicht mal ganz kapiert, was er machen soll. Egal. Er hat jetzt einen wichtigen Posten. Er *ist* wichtig. Er wird *gebraucht.* Damit packen sie ihn. Der Glanz von Coolman fällt auf den kleinen Götz.

Stinkstiefel. Ekelhafte Stinkstiefel!

21

Hinten in der Klasse gibt es Streit.

»Das ist Klauen«, sagt Nina zu Tim. »Ich nehme dem Toby doch nicht einfach seinen Bleistift weg.«

Nina hatte Tobys tollen neuen Bleistift bewundert. Tim ist verknallt in Nina. Und da Tim sich jetzt bei den Coolen so stark fühlt, hat er den Bleistift einfach genommen und ihn Nina geschenkt. Vor allen. Einfach genommen. Und keiner hat was gesagt.

Weil sie Angst haben. Dann ist man nämlich angeblich schwach, obschon man ja stark ist. Aber das kapiert keiner. Dass Angst zeigen stark ist. Für die ist nur cool sein stark.

»Ich will ihn nicht«, wiederholt Nina. »Ich will keinen geklauten Bleistift.«

Tim hält ihr den Bleistift hin.

Nina nimmt ihn nicht.

Toby sitzt daneben. Schweigend und traurig. Er war so stolz auf seinen Bleistift. Er hat Angst vor denen. Warum wehrt er sich nicht?

Coolman kommt dazu, Götz im Gefolge. Coolman spricht lauter als Tim. Er baut sich vor Nina auf. »Los, nimm den Bleistift. Das ist kein Klauen. Nimm ihn dir. Das ist ein Geschenk und Toby ist eine Arschgeige. So einfach ist das.«

Wenn einer klein ist, kann man wohl alles mit ihm machen.

Toby zittert in seiner Bank. Sie nehmen seinen Bleistift, auf den er so stolz war. Mir ist schlecht. Ich will schreien. Aber ich tu's nicht.

»Was Klauen ist, bestimme ich«, sagt Coolman grinsend.

22

In der Pause führen sie ihre neuen Spiele vor. Nintendo! Supernintendo! Supergeil!

Alle stehen um sie herum.

»Darf ich auch mal? – Zeig mal! – Mensch, ist das ein Neues? Das habe ich noch gar nicht gesehen! – Wie viel kostet das? Kriegt ihr so viel Taschengeld? – Mensch, Coolman, das wollte ich immer schon haben! Leihst du es mir mal aus?«

»Kauf es dir doch selber«, sagt Coolman. »Oder geben dir deine Eltern nicht genug Geld?«

Der harte Kern, Tim, Kim, Falk und Coolman, hat auch einen Riesenspaß daran, in den Pausen »Mädchen aufzumischen«. So nennen sie das. Sie gehen hinten in die Mädchenecke des Schulhofs. Erst sind sie immer ganz lieb.

»Hey, Rabea, darf ich auch mal hickeln?«

Rabea kennt das schon. Es hat keinen Sinn, sich zu weigern.

Zwei stehen am Rand, Coolman hickelt, tritt auf die Linie.

Rabea sagt: »Du bist aus.«

»Denke ich gar nicht dran«, sagt Coolman und hickelt einfach weiter. »Was heißt das schon, aus sein! Wer aus ist, bestimme ich!«

Rabea sagt: »Du musst aufhören. Jetzt ist jemand anderes dran.«

»Hihi, die meint, die kriegt mich vom Feld«, sagt Coolman. »Wir bleiben jetzt hier, Baby. Komm, Tim, hickel du auch. Du fängst vorne an, ich hinten.«

Anne aus der zweiten Klasse geht dazwischen: »Das ist aber unser Feld!«

»Das Feld gehört dem, der am stärksten ist. Oder?« Coolman grinst. Er stellt sich breitbeinig auf das Feld. Ekelhafte Machtprotze!

Rabea sagt nichts mehr. Sie geht. Tim, Kim und Falk hickeln, aber nur so lange, wie alle gucken. Dann macht es keinen Spaß mehr, sie gehen und gucken rum, wen sie als Nächsten ärgern können.

Doofe Typen. Ich stoße einen Stein vor mir her. Ich bin so wütend wie schon lange nicht mehr. Da kann meine Mama gut sagen, das seien arme Jungs. Arme Jungs sind für mich was anderes. Arme Jungs sind welche, denen man helfen muss. Aber die hier, die spinnen doch, die haben doch einen Piep in der Birne. Spinner, Fleischklöpse, Spinatwachteln, Kartoffelklöße. Von deren ganzem Gehabe kriegt man doch Ohrensausen und Bauchschmerzen, Angst und Wut, dass die Birne wackelt. Ich zittere vor Wut. Aber was soll ich machen? Irgend-

etwas müssen wir unternehmen. So geht das nicht weiter. Aber die meisten würden nicht mitmachen. Aus Angst oder aus Bewunderung.

Ich ziehe die Schultern hoch. Ich weiß nicht. Coolman wird mir immer unheimlicher. Coolman, in den ich anfangs so verliebt war. Coolman, Falk, Kim, Tim. Ich spucke aus. Das tue ich sonst nicht. Nie. Aber wenn man gegen die Coolen ankommen muss, dann tut man so was.

23

Am nächsten Morgen vor der ersten Stunde hantiert Coolman mit einem Riesenbogen Papier neben mir herum.

»Was ist das?«, wollen alle wissen.

Ich tu so, als wenn es mich nicht interessieren würde. Jedes Mal, wenn ich unauffällig hinüberschielen will, hält er den Bogen so hoch, dass ich nichts sehen kann. Ich bin hartnäckig. Ich schaue und schiele und schließlich kann ich etwas entziffern.

Das reicht. Das reicht wirklich! Auf dem Bogen Papier stehen sämtliche Namen aus der Klasse. Und hinter jedem Namen wird fein säuberlich eingetragen, welche Markenklamotten die Leute an welchem Tag tragen. »C&A«, grölen sie gerade. »Haben deine Eltern so wenig Geld? Wohnt ihr im Armenhaus?« Und Doro setzt sich mit rotem Kopf auf ihren Platz. Ich glaube, sie heult fast.

Als Nächster kommt Toby an die Reihe. Dem gucken sie sogar in die Unterhose. Als Toby sich wehrt, meint Kim: »Wir tun dir doch nichts, niemand reißt dir den Pimmel ab. Wir wollen nur mal nachschauen, ob er endlich mal ein Stück gewachsen ist.« Und dann schieben sie ihm ein Lineal in die Hose und geben die Zentimeterzahl lauthals bekannt. Toby schämt sich. Sie lachen sich kaputt. Mir wird fast schwarz vor Augen, so wütend bin ich.

Frau Hampel kommt rein. Sie lassen sofort ab von Toby und Coolman verstaut seinen Bogen Papier unter dem Tisch.

Die Coolen grinsen. Wir anderen sind wie erstarrt. Aber keiner sagt was. Was machen die nur mit uns?

Ich bin völlig durcheinander. Frau Hampel nimmt mich dran. Ich weiß nichts. Nichts. Alles ist verschwunden. Abgerutscht in meinem Kopf. In ein tiefes Loch. Und aus dem Loch grinst mir Coolman entgegen.

24

Sie stehen auf dem Schulhof. Sie haben in einer Schachtel Fliegen gefangen und wollen ihnen die Beine ausreißen.

»Wer wagt es?«, fragt Kim.

»Wer ist so mutig?«, fragt Coolman.

»Das ist kein Mut. Das ist Tierquälerei«, schreie ich von hinten. Endlich krieg ich den Mund auf.

»Du Memme!« Coolman lacht sich kaputt.

»Das machst du doch nur, weil die sich nicht wehren können«, sage ich.

»Ja, Hannah hat Recht. Du bist ein Feigling«, faucht Peter. »Das hat mit Mut nichts zu tun.«

»Was Mut ist, bestimme ich.« Coolman baut sich vor Peter auf. Kim und Tim stehen hinter ihm. Coolman gibt Peter einen Schubs.

Vor lauter Mutprotzerei vergessen sie wenigstens die Tiere zu quälen. Ich mache schnell die Schachtel auf und befreie die Fliegen. Was die sich einbilden. Meinen die, sie seien die Herren der Welt?

Ein paar Tage später kommt Alexander laut heulend in die Klasse gerannt.

»Was ist denn, Alexander?«, fragt Frau Hampel.

Alexander steht dort, schüttelt den Kopf. Er sagt nichts. Er sieht nämlich Coolman in der Tür stehen. Und er weiß ganz genau, wenn er von den Coolen redet, dann machen sie ihn hinterher doppelt fertig.

»Was ist denn gewesen?«, fragt Frau Hampel.

Keiner sagt etwas.

Frau Hampel lässt nicht locker und fragt noch einmal.

Da platzt Götz heraus: »Die haben mit dem Alexander nur das Folterspiel gespielt.«

»Das Folterspiel?«, fragt Frau Hampel.

Götz wird rot. »Ich habe aber nur zugeguckt. Wirklich.«

»Das sagen hinterher alle«, sagt Frau Hampel. Sie holt tief Luft, bevor sie weiterspricht: »Du hast also zugeschaut, wie sie mit einem, der sich nicht wehren konnte, das Folterspiel gespielt haben? Und du hast nichts gesagt? Nur zugeguckt?«

Götz ist jetzt knallrot. Er stottert eine Entschuldigung, die man aber nicht versteht.

»Ich auch«, schluchzt auf einmal hinten in der Ecke Toby los. »Ich war auch dabei.« Und dann schluchzt er und kann nichts mehr sagen. Er legt den Kopf auf die Bank und heult laut in die Klasse. Er heult fast im Wettbewerb mit Alexander. Toby, der zahme Toby, den sie immer so ärgern.

»Was habt ihr denn gemacht?«, fragt Frau Hampel.

»Nur mit der Feder ein bisschen am Fuß gekitzelt«, stottert Tim.

Jetzt platzt Alexander los. Schluchzend berichtet er: »Stimmt ja gar nicht! In die Büsche haben sie mich gezerrt. Im hinteren Schulhof. Und haben immer gesagt: ›Jetzt spielen wir das Folterspiel. Jetzt spielen wir das Folterspiel.‹ Dann haben sie mich auf die Erde geworfen und immer wieder ›Folterspiel, Folterspiel‹ gesagt. Und ich hatte so eine Angst!«

»Das war doch bloß Spaß«, stottert Coolman.

»Bloß Spaß?! Bloß Spaß?!« Da werden einige ganz schön sauer.

»Wenn ich das gewusst hätte«, sagt Peter.

»Und dann?«, fragt Frau Hampel.

»Als ein Lehrer kam, sind sie weggerannt«, schluchzt Toby.

Frau Hampel holt einen Augenblick Luft,

dann sagt sie: »Da seht ihr, was ihr gemacht habt. Ihr tut anderen weh, ohne jedes Gefühl. Und warum?«

Sie dreht sich um, sie geht auf und ab vorne in der Klasse. Sie überlegt. Und dann guckt sie mit ganz kleinen Augen Coolman an, stellt sich vor ihn und sagt: »Weil ihr euch den Kick holen wollt, wenigstens für einen Augenblick ganz groß zu sein, dafür tut ihr das. Aber das hält nicht lange an. Dann müsst ihr schon den Nächsten piesacken, um wieder euren Kick zu kriegen.« Frau Hampel hat ganz schmale Augen. Wenn sie die hat, wird es sehr ernst. Sie dreht sich um. Sie guckt jetzt auch zu den anderen, nicht nur auf Coolman, und sagt: »Weil eure Gefühle so kaputt sind, deswegen müsst ihr die Gefühle der anderen auch noch kaputtmachen. Damit das Ganze nicht ernst klingt, sagt ihr ›Spaß‹ dazu. Dabei wisst ihr selber ganz genau, dass ihr lügt.«

Sie geht zu Alexander und Toby, legt beiden eine Hand auf die Schulter und wartet schweigend, bis die Stunde vorbei ist und es klingelt.

»Geht jetzt«, sagt sie. Und mehr für sich murmelt sie: »Wir müssen etwas tun.«

25

Als ich am nächsten Tag in die Klasse komme, schaut mir Coolman ins Gesicht und sagt: »Gib mir einen Kuss, Kleine!«

Ich werde rot. Hat der einen Knall? Hat der wirklich bloß Stroh in der Birne?

Coolman wiederholt: »Gib mir einen Kuss, Kleine.«

Der spinnt doch!

Er streckt seine Hände nach mir aus. Ich stehe vor ihm, stehe wie erstarrt und sage laut: »Nein.«

Seine Stimme wird weicher. »Und warum nicht?«, fragt er.

Ich atme tief durch. »Weil ich nicht will.« Ich atme noch einmal tief durch und dann sage ich: »Ich geb doch nicht jedem einen Kuss.« Ich stampfe mit dem Fuß auf.

Alle lachen. Aber nicht über Coolman. Sie lachen über mich. Sie lachen mich aus.

Coolman hebt seine Hand. »Du sollst auch nicht *jedem* einen Kuss geben, Kleine. Nur mir sollst du einen Kuss geben.« Er wendet sich zu den anderen um und sagt: »Die krieg ich noch rum, wetten? Dauert nicht mehr lange.«

Von hinten schreit Tim: »Kuschelmuschel!« Dann spuckt er auf den Boden.

Ich finde das eklig. Ich merke, wie die Wut aufsteigt in meinem Bauch. Wie sie anwächst zu einem Berg. Plötzlich fang ich an zu schreien.

»Kuschelmuschel«, lacht Tim.

Coolman packt mich, will seinen Mund auf meinen pressen. Seine widerlichen Wulstlippen vor meinen Augen. »Kuschelmuschel«, ruft Tim immer wieder.

Ich ducke mich, mache mich klein … und

beiße Coolman in den Arm. Feste. Noch einmal! Mit aller Kraft.

Jetzt schreit keiner mehr »Kuschelmuschel«. Nur Coolman brüllt wie am Spieß. Ich lasse ihn los. Er reibt seinen Arm. Meine Zähne sind einzeln darauf abgebildet. Er hüpft im Kreis auf einem Bein, reibt seinen Arm. »Das wirst du büßen!«, schreit er. »Das wirst du zehnfach büßen!« Er rennt aus dem Klassenzimmer und wirft die Tür hinter sich zu.

Der ist weg!

Da springt Peter vor. »Gut gemacht, Hannah! Wir lassen uns das nicht mehr bieten!«

Als Frau Hampel die Klasse betritt, schweigen wir. Wie immer.

Ich sitze da. Ich will nicht mehr.

Angst, Angst, Angst ist in meinem Kopf. Keine Furcht, kein Herzrasen, keine Beklommenheit, sondern Angst, Angst, Angst.

Weil in unserer Klasse nur noch Angst ist.

Weil die Coolspieler einem Angst machen.

Weil wir zu Angst nicht Angst sagen dürfen.

Weil wir die Angst nicht zeigen dürfen.

Nach der Schule renne ich nach Hause. Da auf einmal muss ich heulen. Ich heule Rotz und Wasser. Mama nimmt mich in den Arm. Sie tröstet mich. Und jetzt erzähle ich ihr, was bei uns in der Klasse los ist. Mama hört zu und unterbricht mich nicht.

Nach einer Weile sagt sie: »Die können einem Leid tun.«

»Mama, du hast doch 'nen Knall. Du kannst doch nicht immer mit dem Mitleid anfangen. Erst müssen wir uns mal wehren – und dann, wenn wir stark sind, dann können wir vielleicht Mitleid mit ihnen haben! ›Die können einem Leid tun.‹ So ein Quatsch! *Ich* müsste dir Leid tun. Nicht die.«

»Vielleicht hast du Recht. Aber das sind trotzdem arme Kinder«, sagt Mama. Versteht sie denn gar nichts?

»Wir sind auch arme Kinder, Mama. Die machen uns fertig! Kapierst du das? Fertig! Die machen uns Angst!«

Jetzt komme ich so richtig in Fahrt. Jetzt bricht es aus mir heraus. Jetzt bin ich wütend auf Coolman und Konsorten, auf die Lehrer, die nichts tun, und auf Mama. »Ihr habt immer Mitleid mit den Coolen, den Tätern. Aber mit uns müsstet ihr auch mal Mitleid haben!«, fauche ich sie an. »Mach das mal mit in einer Klasse, in der drei oder vier immer sofort losquatschen und niemanden zum Reden kommen lassen. Mach das mal mit in einer Klasse, in der die den Mädchen sagen, dass Weiber nur für den Herd und fürs Bett gut sind. Mach das mal mit, wenn die zu allen Unsicheren und zu denen, die auch mal nachdenken, bevor sie den Mund aufmachen, behindert sagen und Babyflasche. Und am schlimmsten ist es, wenn du mit denen allein bist. Dann krallen sie dich zu dritt oder zu viert und machen dich fertig. Mach das mal mit, wenn du die auf Befehl küssen sollst!«

Mama nimmt mich in den Arm. »Und was sollen wir dagegen tun?«, fragt sie.

Ich schluchze. Ich weiß doch auch nicht.

Doch, ich weiß. Plötzlich weiß ich es. »Stark sein«, sage ich, »gegen die. Wir müssen stark sein, damit die Coolen nicht mehr ihre fiese Stärke ausspielen können.«

»Aber wie?«, fragt Mama.

Ich ziehe die Schultern hoch. Das weiß ich auch nicht.

26

»Es muss sich etwas ändern«, sagen wir alle am nächsten Tag in der Klasse.

»Wir müssen uns zusammentun und zusammen gegen die stark sein«, schlägt Peter vor.

»Und wie stellst du dir das vor?«, frage ich. »Wenn einer angegriffen wird von den Coolen, helfen ihm dann die anderen auch wirklich? Meinst du, die tun das?«

Tim ist ganz zerknirscht. Er holt tief Luft und sagt: »Ich glaube, wir haben wirklich Mist gemacht.«

Das hätte ich von Tim nicht erwartet. Aber Coolman ist heute nicht da. Da hat er auch mal eine eigene Meinung.

»Das kannst du laut sagen«, antworte ich ihm und ziehe die Schultern hoch. »Und ihr macht bestimmt weiter, wenn sich nichts ändert.«

»Ihr tut doch alles, um cool zu sein«, meint Toby.

Tim wird ziemlich klein. »Vielleicht«, sagt er. »Aber vielleicht kann man sich ja auch ändern.«

»Vielleicht wenn wir mehr als bisher darüber reden.« Das kommt von Frau Hampel, die, ohne dass wir sie bemerkt haben, das Klassenzimmer betreten und alles mit angehört hat. Und dann sagt sie entschieden: »Ich werde allerdings nicht nur reden, ich werde auch etwas tun.«

»Und was?«, fragen wir alle.

»Das muss ich mir noch überlegen«, sagt sie.

27

Coolmans Eltern haben meinen Eltern über ihren Anwalt einen Brief geschickt. Sie wollen mich verklagen wegen Körperverletzung. Sie haben Fotos von den Bissstellen an Coolmans Arm beigelegt.

»Gut, dass du dich gewehrt hast«, sagt Mama.

»Gut, dass du dem gezeigt hast, wo seine Grenzen sind«, sagt Papa. »Hannah, ich bin richtig stolz auf dich.«

»Aber jetzt hab ich die Bescherung«, sage ich und zeige auf den Brief.

»Es ist immer das gleiche Spiel«, sagt Mama. »Der Täter gibt seine Schuld einfach ab an das Opfer. So einfach geht das.«

Frau Hampel hält Wort. Coolman wird vierzehn Tage vom Unterricht ausgeschlossen. Das beschließt – trotz des Widerspruchs seiner Eltern – die Klassenkonferenz. »Jetzt haben wir zwei Wochen Zeit, um uns stark zu machen«, sagt Frau Hampel.

»Verdammt kurz«, sagt Peter.

»Und wie soll das gehen?«, fragen wir.

Frau Hampel beruft einen Elternabend ein, zu dem Coolmans Eltern nicht erscheinen, obwohl sie eingeladen waren.

Und wir reden darüber. Immer wieder. Sie besteht darauf.

Wenn Coolman zurückkommt, dürfen wir nicht mehr Coolman zu ihm sagen. Wir müssen Steffen sagen. Frau Hampel meint, dass er durch den Spitznamen »Coolman« ja schon fast in diese Rolle gezwängt würde. Na ja, denke ich.

Reden macht stark. Aber eines ist uns allen klar: Tim, Steffen, Falk und Kim können wir nicht plötzlich total verändern.

Uns kann man ja auch nicht von heut auf morgen verändern. Und wir müssen uns auch verändern. Wir müssen lernen darüber zu reden, wenn uns etwas nicht passt. Wir müssen lernen uns zu wehren. Mutig sein will gelernt sein. Das braucht Zeit. Das Reden ist nur ein Anfang.

Wir hatten noch eine Idee. Die stammt aus der Zeitung. In Amerika werden in Klassen wie unserer Schülergerichte gebildet. Echt! Da gibt es richtige Gerichtsverhandlungen und solche Typen wie Steffen und Konsorten werden von ihren Mitschülern zu zwei Wochen Klappehalten oder Schulhof-Saubermachen verurteilt, wenn sie die anderen piesacken. Aber Frau Hampel und unsere Eltern waren dagegen. Ob sie uns das nicht zutrauen?

28

Ein paar Wochen später stehe ich mit meiner Freundin Juli aus der Parallelklasse in der Pause auf dem Schulhof zusammen.

»Meinst du wirklich, dass das nicht alles wieder von vorne beginnt?«, fragt sie. »Habt ihr euch schon überlegt, was ihr dann macht?«

»Sofort anfangen zu reden«, sage ich. »Nicht wieder abwarten, bis es ganz schlimm ist. Und wenn wir zusammenhalten, können die uns gar nichts. Steffen hat das auch schon gemerkt. Sobald er anfängt rumzuspinnen, lassen wir ihn einfach stehen. Wir lassen uns nicht mehr von ihm beeindrucken. Wir lassen uns nichts mehr

gefallen. Und das weiß er ganz genau. Und seine früheren Bewunderer wissen das auch. Wenn er nicht allein sein will, muss er nett zu uns sein. Wir brauchen keinen Klassen-King. Und ich finde, er hat sich schon ein kleines bisschen verändert.«

»Meinst du wirklich?«, fragt Juli.

Ich werde rot, weil ich weiß, dass das nicht ganz stimmt. »Zumindest gibt er sich Mühe«, sage ich. »Neulich hat er mich sogar gefragt, ob wir mal nachmittags gemeinsam Skateboard fahren, nur er und ich. Aber ich hab ihm gesagt, dass ich mir das erst noch überlegen muss.«

»Du bist doch wohl nicht wieder in den verknallt?« Juli schießt einen Stein über den Schulhof.

»Aua«, schreit Steffen. Er hat den Stein voll ans Schienbein gekriegt.

Juli wird rot. »'tschuldigung, Steffen«, murmelt sie. »War keine Absicht. Tut's weh?«

»Nicht so schlimm«, sagt Steffen und guckt mich an.

Ich werde ketschuprot. Was hat Juli da eben gesagt? Ich in Steffen verliebt? Ich doch nicht!